Antojitos Mexicanos

Antojitos mexicanos es un libro que nos remite a la cocina de antaño y al bocado ligero pero sabroso que se caracteriza por los picantes y su combinación con la gran variedad de formas para preparar el maíz.

El gusto de disfrutar un platillo elaborado con maíz, chile, manteca y frijol hace la delicia del antojadizo que no se puede resistir ante los tamales, gorditas, tacos, menudo, flautas, quesadillas, enchiladas y muchos platillos más, por supuesto económicos y nutritivos, de acuerdo con las opiniones más recientes de los nutriólogos.

Aprenda a preparar los *Antojitos mexicanos* en casa y conviva con toda la familia alrededor del anafre. Dé a sus fiestas mexicanas un toque de alegría y brinde un riquísimo banquete con el tradicional sazón de nuestras abuelas y el folclor que nos legó el mestizaje culinario.

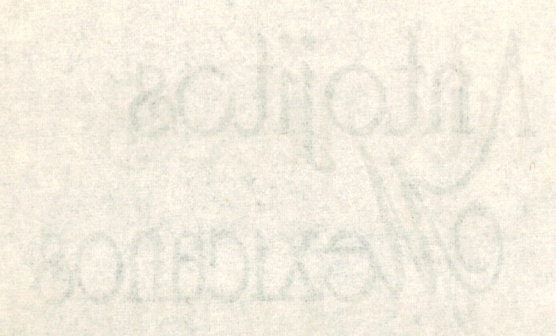

Catalina Álvarez

Antojitos Mexicanos

SELECTOR
actualidad editorial

SELECTOR
actualidad editorial

Doctor Erazo 120 Tels. 543 70 16 - 682
Colonia Doctores   536 30 31
México 06720, D. F.

ANTOJITOS MEXICANOS

Diseño de portada: Mónica Jácome
Ilustraciones de interiores: Ana Tourné

Copyright © 1996, Selector, S.A. de C.V.
Derechos exclusivos de edición reservados para el mundo

ISBN: 968-403-922-0

Séptima reimpresión. Mayo 2011.

Características tipográficas aseguradas conforme a la ley.
Prohibida la reproducción parcial o total de la obra
sin autorización de los editores.
Impreso y encuadernado en México.
Printed and bound in Mexico.

Contenido

De maíz los formó 9
Para hacerle honor al maíz 13
- ❏ Tamales de elote
- ❏ Tamal de garbanzo con cabeza de cerdo
- ❏ Tamales de dulce
- ❏ Tamales pintos

Para saborear de paso 33
- ❏ Tacos de cochinita pibil
- ❏ Tacos al carbón
- ❏ Tacos de canasta
- ❏ Tacos de carnitas

Para el antojito picoso y sabroso 61
- ❏ Huevos tricolores
- ❏ Huevos poblanos
- ❏ Enchiladas de chipote
- ❏ Chilaquiles
- ❏ Frijoles norteños
- ❏ Frijoles rancheros
- ❏ Frijoles charros

Si el antojo es de algo dulce 93
- ❏ Atole de pinole
- ❏ Bigotes de arroz
- ❏ Capirotada
- ❏ Buñuelos
- ❏ Gorditas de cuajada

De maíz los formó...

*El maíz es la gran fuente de alimentación de los mexicanos. Según el Popol Vuh o **Libro de la comunidad** de los mayas, el maíz sirvió de base alimenticia a nuestros antepasados. Entonces las mazorcas eran pequeñísimas y los "dientes" del maíz eran escasos en el elote. Sinembargo, el híbrido fue cambiando y alimentó a los antiguos pobladores, quienes lo llamaron **Teozintle**, que significa "granos de dios" en náhuatl.*

Desde entonces, el maíz ha sido base de la alimentación de la población de América Latina y de su cultura, así como Asia salió adelante gracias al arroz y Europa tuvo como sustento el trigo.

Existen actualmente más de cien maneras de preparar el maíz, ya sea en atoles, en tortillas, tamales, palomitas, como pozole o en forma de aceite para diversos guisados. El maíz es consumido diariamente en casi todos los hogares mexicanos como acompañamiento esencial de las comidas: en forma de tortilla, que suele sustituir a la cuchara.

Los antiguos pobladores de nuestro territorio comenzaron a cultivar esta gramínea junto con la calabaza, el frijol y el chile.

Desde entonces y a pesar de la dominación de los españoles, quienes trajeron a estas tierras la caña de betabel y la zanahoria, nuestra población no abandonó sus alimentos tradicionales y siguió creando, durante la época colonial, una gran variedad de recetas que han trascendido hasta nuestros días y que le han otorgado al maíz un lugar privilegiado en la gastronomía internacional.

Para hacerle honor al maíz...

En la provinvcia mexicana, sobre todo en las rencherías, todavía existen viejos hornos de piedra y barro, semejantes en su forma externa a las casas de los esquimales llamadas iglus. En el norte del país no hay casa que no tenga en su traspatio un "cosedor" que debe ser "enjarrado" con barro fresco cada vez que se hornean gordas y pan, con la finalidad de que queden sabrosos. Se barren con ramas de jaral por dentro y se calienta con leña. Nunca olvidan dejarle su "tronera" para regular el calor ni tampoco introducirle piedras mojadas para evitar que se quemen las gorditas. Éstas se depositan en el interiior del horno sobre palitas largas cubiertas de hojas de maíz, de naranjo o de higuera.

Sobre estas hojas, las gorditas redonditas, alargaditas, grandes y chiquitas, de cuajada y de manteca, de frijoles con cominos y otras más de pan de trigo, salen calientitas, deliciosas, para llenar cestos y canastas.

Tamales de elote

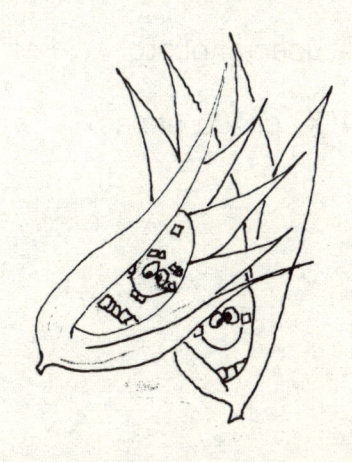

En una mesa te puse
un plato con tres elotes;
no te lo digo deveras,
nomás pa´que te alborotes.
¡María, María, Mariquita mía!

María, María. D.P.

Ingredientes

- 10 elotes tiernitos con todo y hojas
- 3 onzas de leche
- Azúcar al gusto
- 100 gr de pasas

Preparación

Se le quitan las hojas a los elotes y se lavan muy bien ambos.

Se rebanan con un cuchillo los granos separándolos del elote y se muelen en la licuadora con la leche hasta que quede una pasta homogénea y consistente, agregando azúcar al gusto.

Escurra los residuos de agua de las hojas y extiéndalas.

Unte el batido de elote a lo largo de las hojas.

Si quiere, adorne con 2 o 3 pasas cada tamal.

Envuelva cada tamal en su respectiva hoja y colóquelos en una vaporera.

Déjelos cocer aproximadamente 90 minutos, o hasta que la pasta esté totalmente sólida y el tamal se despegue fácilmente de la hoja.

Son un alimento muy nutritivo y los puede servir en la merienda con un vaso de leche.

Tamal de garbanzo con cabeza de cerdo

*Cajeme tan rico,
donde hasta el más chico
gana su tostón,
pueblito tan manso,
frijol y garbanzo,
tu diste a Obregón.*

Sonora Querida. Raúl Castell.

Ingredientes

- 1/4 de kilo de cabeza de cerdo
- 3 chiles anchos
- 1/2 kilo de garbanzos
- 1/4 de harina de maíz
- 1 cebolla pequeña
- 1/4 de manteca vegetal
- 1 diente de ajo
- 2 manojos grandes de hojas secas de maíz
- 1 cucharadita de polvo de hornear
- Aceite vegetal
- Sal

Preparación:

Se cuece la carne en agua con un poco de sal. Retírela del fuego y pártala en trozos muy pequeños.

Remoje los chiles, desvénelos y muélalos con la cebolla picada y el diente de ajo.

Fría esta salsa en un poco de aceite y cuando comience a hervir, agregue la carne y la sal al gusto.

Desde el día anterior, ponga a remojar los garbanzos, luego cuézalos, quíteles el pellejo y muélalos.

Remoje las hojas de maíz en una cubeta con agua para que se ablanden.

Para preparar la masa, empiece por batir la manteca en un recipiente y luego añada la harina de maíz con el polvo de hornear. Siga batiendo y agregue el garbanzo molido hasta que los ingredientes se integren bien.

Para formar la masa utilice el caldo donde coció la carne.

Pruebe la masa y póngale sal al gusto.

Cuando la masa ya no tenga grumos, esté suave y fácil de manejar, podrá hacer los tamales.

Vaya tomando una a una las hojas de maíz y póngales una capa delgada y uniforme de masa con una cuchara.

Enseguida agregue la carne con salsa como relleno y doble el tamal.

Al terminar de preparar todos sus tamales, acomódelos en una tamalera o bote y cuézalos en *baño maría* a fuego lento de 90 a 120 minutos.

Tape los tamales con un trapo de cocina para que no deje escapar el vapor y cubra con la tapadera.

Sirva cuando los tamales se despeguen de la hoja sin dificultad.

Tamales de dulce

*Qué bonita está la milpa,
rodeada de mirasol,
cuando madura el elote
y está lloviendo con sol.*

La milpa. D.P.

Ingredientes

- 100 gr de pasas
- 1/4 de garbanzos
- 1/4 de harina de maíz
- 1 cucharadita de polvo para hornear
- Manteca vegetal
- 1 litro de leche
- 100 gr de viznaga
- Hojas secas de maíz
- Azúcar

Preparación

Se ponen a remojar los garbanzos desde el día anterior. Al otro día se pelan y se muelen.

Prepare la manteca batiéndola constantemente hasta que se ponga blanca. Agregue la harina de maíz, el garbanzo molido, el azúcar y el polvo para hornear, batiendo con la leche necesaria para formar la pasta.

Para probar que la pasta quedó en su punto, arroje un trocito sobre un recipiente con agua. Si flota es que ya logró la consistencia necesaria.

Remoje las hojas de maíz en agua para que se ablanden y escúrralas, unte un poco de masa en cada una, agregando unas pasitas y unas rebanaditas pequeñas de viznaga.

Doble el tamal y colóquelo en el bote sin olvidar poner en el fondo una parrilla y un poco de agua sin rebasarla.

Cubra con un trapo de cocina y coloque la tapadera para que no salga el vapor mientras se cuecen los tamales.

Tamales pintos

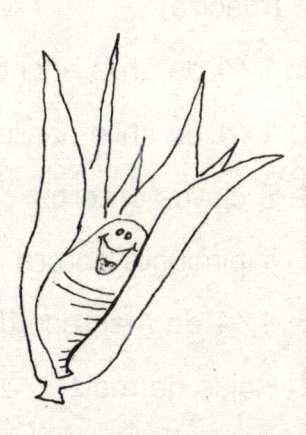

Ahora sí, yo la voy a dejar
en su bohío asando maíz,
me voy pa´l pueblo a tomarme un jaibol
y cuando vuelva
se acabó el carbón.

Me voy pa´l pueblo. Mercedes Valdéz.

Ingredientes

- 1/2 kilo de masa de maíz
- 1/4 de frijoles cocidos
- 1 kilo de carne de puerco (maciza)
- 1/4 de chile ancho
- 1/4 de chile pasilla
- 3 clavos enteros
- 1 pimienta entera
- 1/4 de manteca de cerdo
- Hojas de maíz
- Canela
- Sal

Preparación

Vierta sobre la masa chorritos de agua tibia conforme lo vaya requiriendo el amasado, hasta hacer una pasta moldeable (ni pegajosa ni reseca). Licue los frijoles y añádalos a la masa, ayudándose con un poco de manteca de cerdo.

Integre bien la masa y proceda a hacer sus tamales, embarrando las hojas con una capa delgada de masa. Debe lavar y poner a remojar las hojas previamente en una cubeta con agua para que estén listas para vaciarles el relleno.

El relleno consiste en la carne de puerco partida en trocitos muy pequeños y guisados con el chile pasilla y el chile ancho, previamente desvenados, hervidos en agua y molidos en la licuadora junto con los clavos, la pimienta, un poco de canela y sal al gusto.

Al terminar de rellenar los tamales, colóquelos en un bote con tapa o vaporera que cuente con una base de 6 centímetros de agua.

Déjelos 45 minutos a fuego lento. Introduzca un tenedor en uno de los tamales para probar si salen residuos de masa. Cuando el tenedor salga limpio, usted sabrá que los tamales se han cocido.

Para saborear de paso...

El recuerdo está vigente. Las cocinas oscuras de los ranchos del norte del país —construidas con adobe y con paredes negras de humo— eran el sitio donde la señora de la casa se perdía día con día junto al fogón, con sus ojos llorosos en el apisonado de tierra mojada de la cocina y en cuclillas frente a su metate, moliendo las semillas y los chiles para hacer pipián; echando las tortillas a la lumbre como en aquellos años de la revolución, cuando las mujeres jóvenes eran tiznadas adrede para verse feas, viejas y sucias.
Entonces se escondían cerca de la chimenea atizada con olotes para que los revolucionarios no se las llevaran. Ellos se apoderaban de los guisados de aroma tan sabroso y huían con la cazuela vaporizando.

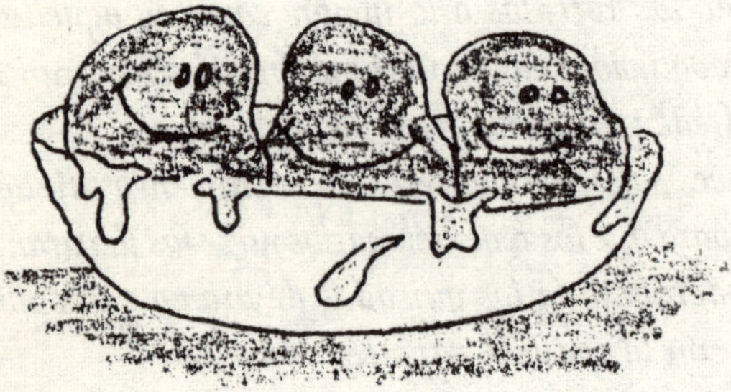

Tacos de cochinita pibil

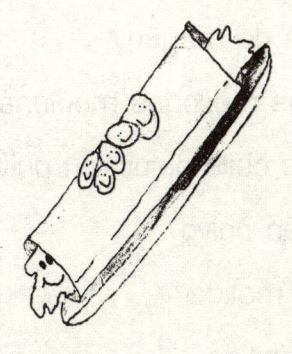

*Linda tehuanita, nunca llores,
lleva tus canciones a las flores,
bella tehuanita, rosa del amor,
porque yo te quiero y te venero
de corazón.*

Tehuanita. Chuy Rasgado.

Ingredientes

- 1/4 de tortillas de maíz
- 1/4 de pulpa de cerdo
- 6 naranjas
- 4 hojas de plátano
- 4 pencas de maguey
- 3 cebollas moradas medianas
- 50 gr de chile piquín en polvo
- Achiote en polvo
- Pimienta molida
- Comino molido
- Ajo molido
- Sal
- Leña (para cocinar)

Preparación

Coloque en un recipiente la pulpa de cerdo bien limpia y báñela con el jugo de 4 naranjas. Espolvoreé encima pimienta, cominos, achiote y sal. Tueste el ajo en polvo sobre el comal y aderéce con él también. Deje reposar la carne 24 horas en lugar seguro.

Ponga hojas de plátano en la olla donde vaya a cocinar la cochinita de manera que cubran totalmente las paredes interiores del recipiente. Deposite la carne dentro y agregue un poquito de aderezo.

Cubra con hojas de plátano y meta la vasija al horno que previamente calentó con leña por espacio de 3 horas. Cubra perfectamente con las pencas de maguey y posteriormente con barro (tierra mezclada con agua). Deje cociendo 3 horas.

Mientras tanto, prepare en un recipiente las rodajas finas de cebolla y marínelas con el jugo de dos naranjas y el chile piquín en polvo. Finalmente, deshebre la carne y haga tacos combinando con las rodajas de cebolla.

Tacos al carbón

*Una veredita alegre
con luz de luna y de sol,
tendida como una cinta
con sus lados de arrebol.
Arrebol de los geranios
y sonrisa con rubor,
arrebol de los claveles
y las mejillas en flor.*

Fina estampa. Chabuca Granda.

Ingredientes

- 1/4 de kilo de tortillas de maíz
- 1/2 kilo de bisteces de res
- 1 kilo de carbón
- 1 cebolla pequeña
- 1 diente de ajo
- 1 puñito de pepita (semilla de calabaza)
- 2 chiles habaneros
- 1 galleta María
- Sal

Preparación

Ase los bisteces sobre una parrilla con los carbones bien encendidos. Luego páselos a una tablita ayudado por un trinchador. Parta los bisteces en trozos pequeños. Caliente las tortillas en un comal y sirva sus tacos con la siguiente salsa:

Se tuestan sobre el comal la pepita con los chiles. Posteriormente se muelen en la licuadora con la galleta, el ajo, la cebolla y un poco de agua. Añada sal al gusto.

Tacos de canasta

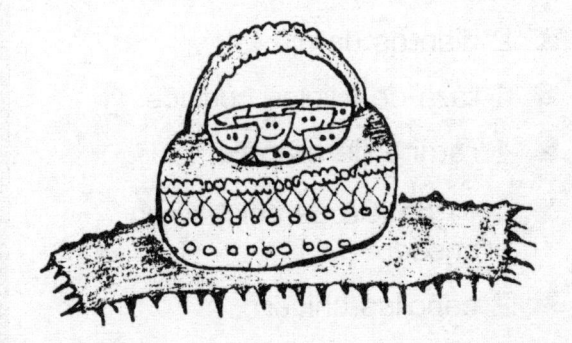

*Ricos curados de tuna y melón,
avena, piña, de fresa y limón,
su carbonato pa'l tlachicotón,
jarro caliente, jarrito, camión.*

Los pulques de Apan. Chava Flores.

Ingredientes

- 1 kilo de tortillas para taco (pequeñas)
- 7 tomatillos
- 3 papas grandes
- 5 chiles serranos
- 1/4 de kilo de chorizo
- 2 dientes de ajo
- 1 taza de frijoles cocidos
- 1 ramita de cilantro
- 1/4 de kilo de chicharrón prensado
- 2 cebollas chicas
- 4 pliegos de papel estrasa
- 3 aguacates
- 2 jitomates
- 2 chiles poblanos
- Sal
- 3 servilletas grandes de tela
- 1 canasta mediana
- Aceite vegetal

Preparación

Cueza las papas en agua. Cuando estén blanditas, quíteles la cáscara y macháquelas. Ponga en una sartén un chorrito de aceite y fría el chorizo. Luego añada unas rajitas de chile poblano (previamente asado, pelado y desvenado) y rodajas de cebolla. Deje sazonar todo junto con la papa. Prepare los tacos doblándolos a la mitad. Colóquelos sobre el papel *estrasa* y las servilletas, dentro de la canasta, procurando que guarden el calor y el olor.

Por otra parte, fría los frijoles cocidos y prepare tacos de la misma manera. Haga una salsa verde cociendo los tomatillos y chiles serranos, licuados con ajo y cebolla. Cuando esté lista la salsa, ponga una sartén sobre la lumbre. Añada el chicharrón y la salsa. Espere a que hierva y se reseque por completo.

Prepare los tacos siguiendo el mismo procedimiento. Tápelos bien hasta el momento de comerlos. Prepare el guacamole: pique el jitomate, el aguacate y cilantro, revuélvalo y sazone con sal o acompañe con chiles en vinagre.

Tacos al pastor

Castaña asada, piña cubierta,
dénle de palos a los de la puerta,
y que les sirvan ponches calientes
a las viejitas que no tienen dientes.
No quiero oro ni quiero plata,
yo lo que quiero es romper la piñata.

La piñata. D.P.

Ingredientes

- 1/2 kilo de bisteces de puerco
- 1/4 de kilo de tortillas de maíz pequeñas
- 2 cebollas grandes
- 1 manojo de cilantro
- 1 trozo grueso de piña
- 250 gr de adobo
- 1 diente de ajo
- 1 puñito de chiles de árbol
- 3 jitomates
- Aceite vegetal
- Sal

Preparación

Coloque sobre un platón los bisteces y únteles el adobo. Ensártelos en la varilla. Doble hacia adentro las orillas de los bisteces para que no cuelguen y tengan buena forma. Encima ponga un buen trozo de piña y media cebolla.

Áselos a fuego lento hasta que estén bien cocidos (2 horas aproximadamente). Gire de vez en cuando la varilla para que se cuezan parejo. Deje a fuego lento.

Corte tajos y sirva un poco de cada ingrediente sobre las tortillas. Añada cebolla picada, cilantro picado y un poco de la siguiente salsa:

Se fríen los chiles en aceite, mientras se tuestan los jitomates sobre el comal. Ambos se muelen con ajo, cebolla y sal al gusto.

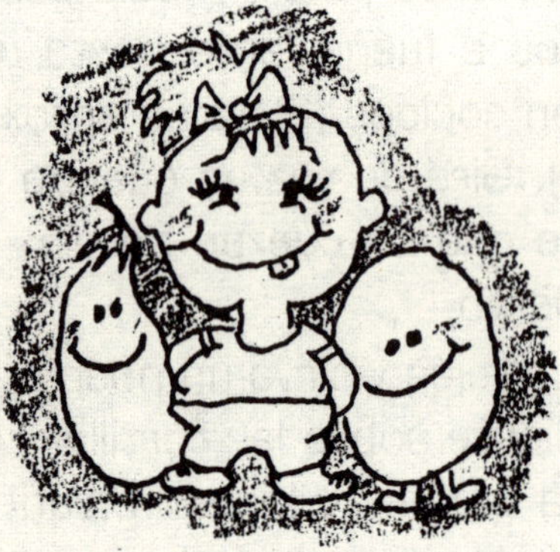

Tacos de carnitas

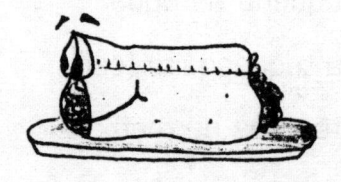

*Poeta del desvalido,
unión de rifles y arados.
Ay, cumpliste con tu destino
al rescatar lo heredado,
y al enfrentarte a los gringos
hallaste un campo sembrado
con obreros y campesinos
que te entregaron sus manos;
obreros y campesinos
que te entregaron sus manos.*

Corrido del 18 de marzo. Felipe Santander.

Ingredientes

- 1/4 de carne de nenepil (nana y buche)
- Cáscaras de 2 naranjas
- 1 taza pequeña de azúcar
- 1 taza pequeña de agua
- 50 gr de tequesquite (cal)
- 1/4 de tortillas de maíz
- 1/4 de manteca de cerdo
- Acompañamiento:

    Aguacate, cebolla, rábanos y papaloquelite al gusto.

- Salsa:

    2 jitomates, 1 ajo, 3 chiles serranos, 1 cebolla mediana y 3 ramitas de cilantro

Preparación

En un recipiente amplio y hondo, ponga las carnitas a fuego lento y déjelas hervir con un poco de agua. Cuando el agua se haya acabado y las carnitas comiencen a pegarse, agregue la manteca, las cascaras de naranja y espolvoree un poco de azúcar. Fría por 3 minutos y añada el tequesquite para que le dé sabor a las carnitas. Mantenga la sartén sobre el fuego durante media hora, hasta que las carnitas hayan adquirido la consistencia deseada.

Retírelas del fuego y pártalas en trozos más pequeños y fáciles de servir en las tortillas.

Prepare la salsa moliendo todos los ingredientes crudos en un molcajete. Ofrezca además un platón con los ingredientes del acompañamiento para que sus comensales preparen a su gusto los tacos.

Tacos de olla

Desde el Cerro de la Silla,
diviso el panorama
cuando empieza a anochecer,
de mi tierra linda sultana
y que lleva por nombre, sí señor,
ciudad de Monterrey

Corrido de Monterrey, Severian Briseño.

Ingredientes

- 1/4 de kilo de masa de maíz
- 1 taza de agua
- 4 chiles ancho
- 6 chiles poblanos
- 1/4 de queso cremoso
- 1/2 kilo de manteca de cerdo
- 1 lechuga mediana
- 2 pepinos
- Sal

Preparación

Mezcle la masa con agua, agregando ésta última poco a poco hasta que el amasado adquiera una consistencia uniforme. Para saberlo, tome un poquito de masa con sus dedos y déjela caer en una vasija con agua. Deberá flotar fácilmente. Enseguida, muela los chiles anchos (previamente desvenados y ablandados en agua caliente) y viértalos sobre la masa. Mézclela bien y para hacer sus tortillas, forme bolitas del tamaño de una pelota de *ping pong* y aplánelas con sus manos o use la máquina para formar tortillas.

Prepare el relleno de la siguiente manera: Ase, pele y desvene los chiles poblanos. Pártalos en rajas y fríalas en manteca. Luego ponga rajas y un trozo de queso en la tortilla cruda. Dóblela y fríala en una sartén con manteca. Sírva los tacos con lechuga picada y pepinos como acompañamiento.

Para el antojito picoso y sabroso...

Allá en el poblado zacatecano de Ciana, a las mujeres les gustaba tener gallinas, porque juntaban blanquillos y los vendían: "teniendo gallinas se puede vivir", comentaban. Los hombres del pueblo decían "nuestras mujeres sólo saben hacer dos guisos: huevo con chile y chile con huevo".

Las mujeres hacían gorditas de chile guajillo con huevo. Llegaban hasta la labor llevando en sus canastas las apetitosas gorditas envueltas en limpísimas servilletas bordadas con hilos vela de colores. Los hombres, gustosos, saboreaban estas delicias y bebían agua de sus cantimploras.

Huevos tricolores

¡ México es mi capital !
Aquí traigo este cantar
inspirado en un rebozo,
y en el verde, blanco y rojo
de mi patria sin igual.
¡ México es mi capital !

Pregones de México. Pepe Guízar.

Ingredientes

- 4 tortillas de maíz
- 4 huevos
- 100 gr. de queso añejo
- 2 aguacates
- 1 cebolla chica
- 2 jitomates
- 1 diente de ajo
- Aceite vegetal
- Sal
- Pimienta

Preparación

Se tuestan los jitomates y se muelen en la licuadora con un poquito de agua, junto con la cebolla y el ajo. Se cuela la mezcla y se fríe en aceite con sal y pimienta hasta que hierva.

Mientras, se sofríen ligeramente las tortillas una por una, coloque 2 en cada plato y posteriormente fría los huevos (estrellados), cuidando que queden tiernitos.

Ponga un huevo sobre cada tortilla y adórnelos con una rebanada de aguacate, queso y salsa de jitomate para que simulen la bandera mexicana.

Huevos poblanos

*Estos franceses
ya se enojaron,
porque sus glorias
les eclipsaron.*

Los enanos. D.P.

Ingredientes

- 4 huevos
- 4 tortillas
- 100 gr de queso fresco
- 2 chiles poblanos
- Aceite vegetal
- 1 taza de caldo de res
- 1 cebolla
- 2 dientes de ajo
- Sal

Preparación

Se asan los chiles en el comal, se pelan y se les quitan venas y semillas. Muélalos en la licuadora con los ajos, la cebolla y el caldo de res. Sazone con sal en una sartén con aceite y deje que hierva.

Ponga otra sartén con aceite en la lumbre para sofreír las tortillas. Sáquelas rapidamente para que no se pongan duras y monte sobre cada una de ellas un huevo estrellado. Vierta encima un poco de salsa y adorne con rebanadas de queso.

Enchiladas de chipotle

*Yo soy del mero Chihuahua,
del mineral del Parral,
y escuchen este corrido
que alegre vengo a cantar.
¡Qué bonito es Chihuahua!*

Corrido de Chihuahua. Bermejo y De Lille.

Ingredientes

- 1/4 de kilo de tortillas
- 100 gr de queso añejo
- 4 jitomates grandes
- 5 chiles chipotles
- 1/4 de kilo de chorizo
- 2 cebollas grandes
- 1 huevo
- 2 dientes de ajo
- Manteca de cerdo

Preparación

Tueste los jitomates en el comal y muélalos con los chiles chipotles, el ajo y una cebolla. Añada el huevo batido.

Fría el chorizo aparte y póngalo en un platito. Agregue manteca a la grasa que quedó del chorizo y fría las tortillas bañadas en la salsa de chipotle. Voltéelas por los dos lados y póngalas en un platón. Ponga en cada una, un trozo de chorizo y cebolla picada. Dóblelas, bañe con la salsa de chipotle y adorne con rodajas de cebolla y queso rallado. Si al momento de servir, las enchiladas se han enfriado, sólo caliente la salsa y báñelas con ella.

Chilaquiles

*Llegaron a un jacal
todos juntos a comer,
todo el Estado Mayor,
cincuenta agraristas y un Coronel.*

Valentín de la Sierra. Lidio Pacheco.

Ingredientes

- 15 tortillas de maíz
- 5 chiles serranos
- 2 dientes de ajo
- 3 jitomates
- 2 cebollas
- 1 ramita de epazote
- 100 gr. de queso blanco
- 9 onzas de crema ácida
- 5 rábanos
- 1 pechuga de pollo
- Aceite vegetal
- Sal

Preparación

Cueza la pechuga de pollo en agua y deshébrela. Parta en tiras las tortillas y dórelas en una sartén con aceite.

Prepare una salsa de chiles serranos: Éstos se asan con los jitomates y se muelen en la licuadora con los ajos y sal al gusto. Se vierte en la sartén con las tiras de tortilla y el pollo deshebrado. Se deja hervir con la ramita de epazote y sal.

Sirva los chilaquiles calientitos y ponga encima crema, rodajas de cebolla y queso rallado. Adorne el plato con rodajas de rábano.

Frijoles norteños

*Soy mexicano del norte,
donde el valor no es canción,
y cuando tiende la mano,
la tiende a satisfacción.*

Arriba el norte. Felipe Bermejo.

Ingredientes

- 1 taza de frijoles cocidos
- 1 cucharada grande de manteca de cerdo
- 200 gr de queso zacatecano
- Sal

Preparación

En una sartén con manteca, fría los frijoles y macháquelos. Cuando comiencen a hervir, agregue el queso en trozos grandes y sazone con sal. Espere a que el queso se derrita y sirva. Acompañe con tortillas de maíz o de harina.

Frijoles rancheros

Voy a dejar mi ranchito,
ya no quiero ser ranchero,
me robaron mi vaquita,
lo demás pa'que lo quiero.

La vaca. Ventura Romero.

Ingredientes

- 1 taza de frijoles
- 5 chiles anchos
- 2 cebollas chicas
- 1 diente de ajo
- 3 cominos
- 1/4 de cabeza de cerdo
- 1 rama de epazote
- Aceite vegetal

Preparación

Tueste, desvene y remoje en agua los chiles. Muela junto con la cebolla, el ajo y los cominos. Se sazonan en una sarten con el aceite y la sal hasta que hiervan. Lave bien los frijoles y cuézalos con un trozo de cebolla y la rama de epazote. Cuando estén a media cocción, agregue la carne picada en trocitos muy pequeños. Una vez cocidos, carne y frijoles, añada la salsa. No olvide retirar la rama de epazote y la cebolla cuando vaya a servir.

Frijoles charros

*Se mira relampaguear,
el cielo está encapotado,
vaqueros para el corral,
arríen a todo el ganado.*

El aguacero. Tomás Méndez.

Ingredientes

- 1 taza de frijoles
- 1 cerveza
- 3 jitomates
- 1 taza de cueritos en vinagre
- 3 chiles serranos
- 1 cebolla
- 1 diente de ajo
- Aceite vegetal
- Tortillas de maíz
- Sal

Preparación

Lave bien los frijoles y póngalos a cocer con sal. Mientras tanto pique los jitomates, la cebolla, los chiles y el ajo.

En un sartén con aceite, sazone todo a fuego lento. Cuando se haya cocido los frijoles, separe la mitad y muélalos en la licuadora con un vaso de caldo de los mismos. Añádalos a la salsa y deje que sazonen unos minutos hasta que comiencen a hervir. Entonces, agregue los demás frijoles enteros con el caldo, media cerveza y sal.

Sirva los cueritos sobre los frijoles y acompañe con tortillas de maíz.

Si el antojo es de algo dulce...

Las grandes penalidades a causa de la escasez de alimentos en la época prerevolucionaria, hacían que la población se las ingeniara para alimentarse. El atole de masa y las gordas con chile eran alimentos preferidos de los privilegiados.

El pueblo partía las gordas en dos, tres y hasta cuatro pedazos para alimentar a toda la familia. La masa era "aumentada" revolviéndola con maguey, porque se creía que la falta de alimento en el organismo hacía que la sangre se volviera agua. Aunque no tuvieran maíz, los mexicanos se las ingeniaban para preparar atole que, entonces y después, seguiría siendo el alimento fiel de la población.

El maíz perduró como alimento básico y codiciado, como lo ilustra la canción de **El Barzón** popularizada por aquellos tiempos.

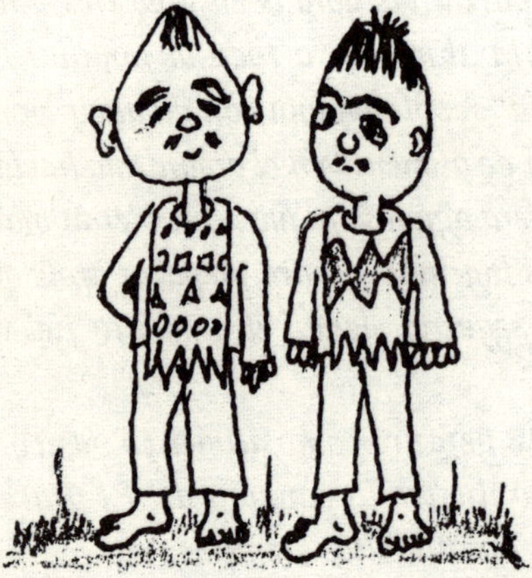

Atole de pinole

Cuando llegué a mi casita
me decía mi prenda amada:
¿On'ta el maíz que te tocó?
Le respondí yo muy triste:
-El patrón se lo llevó
por lo que debía yo en la hacienda,
pero me dijo el patrón
que contara con la tienda...

El barzón. D.P.

Ingredientes

- 100 gr de garbanzo
- 1 rajita de canela
- 1 litro de leche
- Azúcar

Preparación

Tueste en el comal los garbanzos y muélalos aún calientes. Después de molidos, vuelva a tostarlos y licuelos nuevamente, pero esta vez junto con la canela y un poco de azúcar.

Ponga en la lumbre un recipiente con medio litro de agua y añada el pinole (garbanzo licuado). Mueva constantemente hasta que espese.

Por último, vacíe la leche y azúcar al gusto. Espere a que hierva y podrá servirlo.

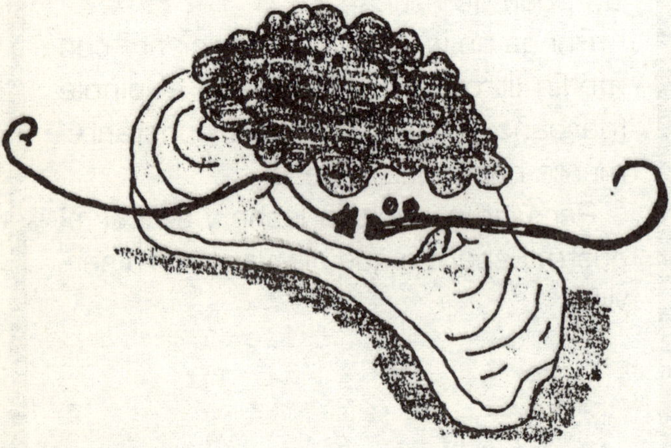

Bigotes de arroz

Usaba bigote en cuadro abultado,
su paño al cuello enredado,
calzones de manta, chamarra de cuero,
traía punteado el sombrero.

Gabino Barrera. Víctor Cordero.

Ingredientes

- 1 taza de arroz
- 1/2 litro de leche
- 3 huevos
- 1 raja de canela
- Azúcar
- Aceite vegetal
- 1 bolsita de pan molido
- Canela molida

Preparación

Ponga a remojar el arroz en agua caliente hasta que se ablande. Luego cuézalo en tres tazas de agua con la raja de canela. Cuando esté cocido, el agua se habrá evaporado. Podrá entonces añadir la leche y endulzar a su gusto. Espere a que hierva y cuele el arroz.

En un tazón bata los huevos e incorpore el arroz. Con la pasta, forme croquetitas alargadas en forma de bigotes.

En un plato extendido vacíe el pan molido y coloque allí los bigotes, cubriéndolos completamente. Posteriormente fríalos en aceite bien caliente. Escurra el exceso de grasa y sírvalos en una charola ataviada con papel de china de colores patrios (verde, blanco y rojo) espolvoreados con azúcar y canela.

Capirotada

Flor humilde, flor del campo,
que engalanas el zarzal,
yo te brindo a ti mi canto,
florecita angelical.

Flor silvestre. Cuates Castilla.

Ingredientes

- 5 bolillos
- 1/4 de queso añejo
- 2 cucharadas grandes de manteca de cerdo
- 1 barra de piloncillo
- 1 taza de pasas
- 1 taza de cacahuates
- 1 barra de mantequilla de 90 gr
- 50 gr de coco rallado
- 2 plátanos
- 3 guayabas
- 1 raja de canela

Preparación

Rebane los bolillos delgados y dórelos en la manteca a fuego lento. Elija una cazuela honda y engrásela con la mantequilla.

En un recipiente ponga el piloncillo y la canela en trocitos con 1/4 de litro de agua. Deje que hierva y apague la hornilla. Espere a que enfríe un poco y sumerja las rebanadas de pan. Luego, colóquelas una por una en la base de la cazuela y distribuya pasas, cacahuates, coco rallado y trocitos de queso, plátano y guayaba. Vierta un poco de jarabe de piloncillo para que se humedezcan los panes.

Hornee a 350 grados durante unos minutos, sólo lo necesario para que se derrita la mantequilla. Sirva caliente o fría. Puede acompañarla con leche.

Buñuelos

Chilla el coyote escondido
y vuela alto el gavilán.
Brama el toro perdido
entre el verde zacatal.
Luna, tajada de queso,
te vas porque viene el sol
y un lucero queda preso
entre sedas de arrebol.

Canción vaquera. Esperón y Cortázar.

Ingredientes

- 1/2 kilo de harina de trigo
- 3 huevos
- 1/2 kilo de azúcar
- 1/2 kilo de manteca vegetal
- 1 raja de canela

Preparación

Amase la harina con un poco de agua tibia, los huevos y unas rajitas de canela. Haga una masa consistente y moldeable, con la cual formará bolitas medianas. En una tabla extienda cada una de las bolitas con la ayuda de un rodillo de madera, procurando que queden tortillas delgadas y redonditas. Extiéndalas sobre un mantel y déjelas secar por espacio de dos horas.

Ponga a calentar manteca en una sartén y fría cada uno de los buñuelos por ambas caras hasta que doren a su gusto. Para voltearlos utilice un trinche largo que le permita maniobrar sin quemarse las manos.

Escurra el exceso de grasa de los buñuelos y colóquelos en una charola grande, sobre una cama de servilletas de papel para que absorban la grasa. Espolvoree azúcar por ambos lados del buñuelo.

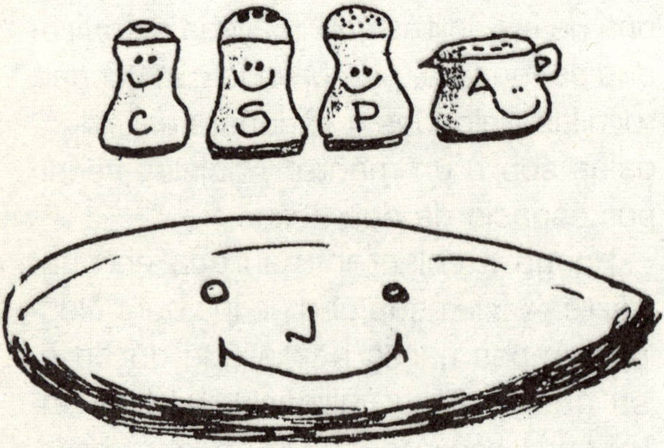
C
S
P
A

Gorditas de cuajada

*Qué bueno es el pan y el queso,
de ése que se come en el rancho;
pero es más sabroso un beso,
debajo de un sombrero ancho.*

Sombrero ancho. Canción del Bajío.

Ingredientes

- 15 hojas frescas de naranjo
- 1/2 kilo de manteca vegetal
- 4 huevos
- 3 litros de leche
- 1 taza de harina de maíz
- 1 pastilla para cuajar
- 1 cucharadita de carbonato
- Azúcar
- Canela molida

Preparación

En media taza de agua tibia disuelva la pastilla de cuajar. Agréguela a la leche y póngala cerca de la lumbre, donde reciba calor. Espere a que se cuaje y vacie en un lienzo o en una coladera y exprímalo bien.

Para preparar las gorditas, bata la manteca en un recipiente hasta que se ponga blanca y añada la cuajada. Siga batiendo y vaya incorporando el azúcar, la canela, los huevos, el carbonato y la harina. Cuando la masa esté lista (sin grumos ni grietas), forme las gorditas y ponga cada una en una hoja de naranjo sobre una charola engrasada con manteca. Se hornean a 350 grados durante 5 minutos. ¡Son exquisitas!

Para disfrutar de pie...

En muchos lugares de la provincia mexicana se prepara gran variedad de platillos que pueden sustituir la carne en las celebraciones de Semana Santa o Semana Mayor, pues, según la tradición, son días de luto y de ayuno, por la pasión de Jesucristo. Las familias suelen juntarse para preparar cazuelas de papas con chile, sopas, orejones de calabaza, nopales, huachales, quesadillas y gorditas de maíz que consumen antes de la tradicional capirotada, considerada el postre principal y una golosina riquísima, para finalmente, acudir a escuchar la misa en la iglesia.

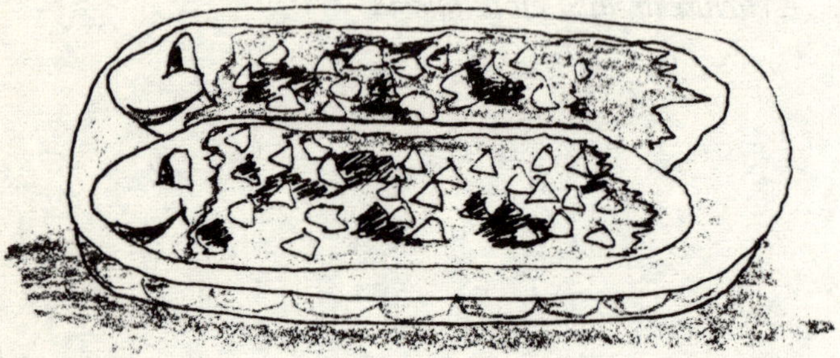

Tlacoyos rellenos de frijoles

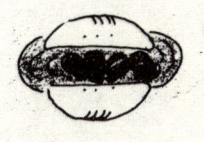

*El gusto de las rancheras
es tener su buen comal,
echar unas gordas largas
y gritarle al gavilán.*

Allá en el rancho grande. Del Moral y Uranga.

Ingredientes

- 1/4 de masa de maíz
- 1 taza de frijoles
- 25 gr de cominos
- 1 diente de ajo
- 5 chiles pasilla
- 1/2 cebolla
- 2 jitomates
- Aceite vegetal
- Sal

Preparación

Mezcle la masa con sal y forme tortitas alargadas. Cuézalas en el comal por ambos lados. Abrálas a la mitad y póngales el relleno.

Para el relleno, se cuecen los frijoles con sal y cuando estén listos se muelen con los cominos.

Se sirve con salsa de chile pasilla.

Tueste los jitomates y quíteles el pellejo. Muela junto con los chiles hervidos y desvenados, el ajo y la cebolla. Fría la salsa y espere a que espese.

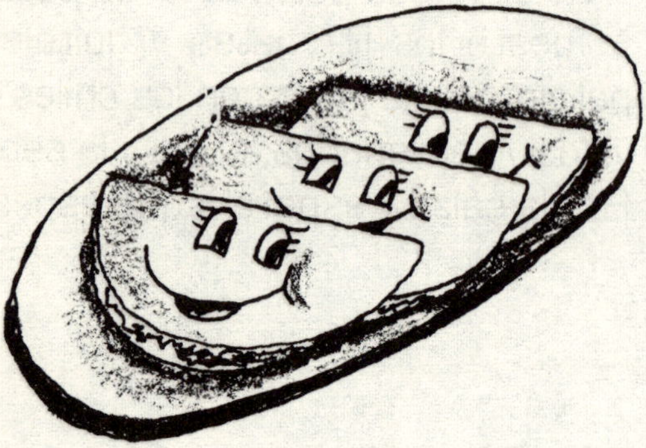

Quesadillas de huitlacoche

*Soy nacido en tierra colorada,
donde todos se nombran de tú
y por eso no me importa nada,
así como todos los del sur.*

Tierra colorada. José Castañón.

Ingredientes

- 1 diente de ajo
- 1/4 de masa de maíz
- 1/2 kilo de huitlacoche (hongo de maíz)
- 8 chiles serranos (3 para la salsa)
- 1 ramita de epazote
- 3 cebollas
- 8 tomatillos
- Aceite vegetal
- Sal
- Una torteadora
- Lechuaga
- Cilantro

Preparación

Salpique la masa con chorritos de agua, hasta que la deje lo suficientemente moldeable. Luego acitrone con 4 cucharadas de aceite, cebolla finamente picada, los chiles, el huitlacoche y el epazote.

Haga pequeñas bolitas de masa y colóquelas en la torteadora. No olvide poner un hule de plástico entre la torteadora y la masa para que ésta no se pegue. Presione el brazo de la torteadora, levante la cubierta y despegue del hule la mitad de la tortilla para cubrir con ella el relleno de hongos que preparó. Despegue el lado que queda y ponga a freír su quesadilla en aceite muy caliente hasta que se dore. Escúrralas y sírvalas acompañadas de lechuga picada y salsa verde: hierva en agua los tomatillos y chiles serranos. Se muelen con cebolla y ajo y sazone con sal. Quedará lista para servirse con cilantro picado.

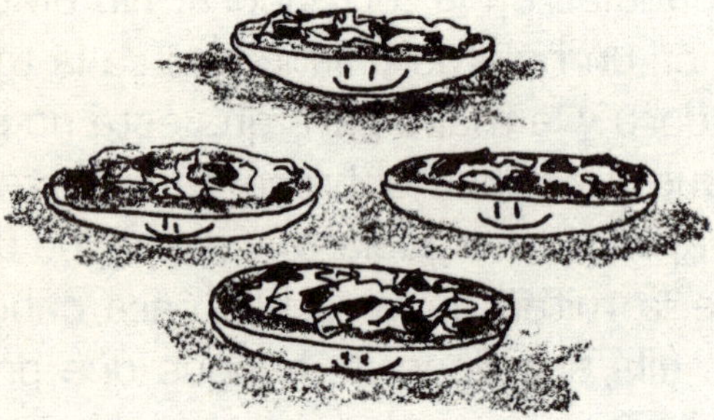

Sopes

Valle de Bravo, muy chico yo conocí,
ora tiene una laguna que antes no ví;
luego pasé por Toluca,
que es del estado la mera nuca
y sin entrar al Distrito,
vine a Satélite y el Molinito ¡Sí señor!

Zacazonapan. Rubén Méndez.

Ingredientes

- 1/4 de retazo de puerco
- 1/4 de harina de maíz
- 3 cebollas
- 2 dientes de ajo
- 1 kilo de tomatillo
- 4 chiles serranos
- 2 ramitas de cilantro
- Aceite vegetal
- Sal

Preparación

Cueza la carne de puerco y después deshébrela.

Ase los tomatillos y los chiles sobre un comal, quíteles la cáscara y muélalos junto con una cebolla, los ajos, sal y cilantro. Pique finamente las cebollas que le quedan y vacíelas en un recipiente.

Enseguida prepare la masa agregando a la harina 2 o 3 vasos de agua tibia. Forme unas tortillitas medianas y de forma alargadita, marcando con los dedos un borde en la orilla.

Cuézalas en el comal. Cuando la salsa y las tortillas estén echas, ponga una sartén en la lumbre y fría las chalupas. Báñelas con la salsa, agregue carne deshebrada y cebolla. Ya están listas para saborearse.

❊ Puede conseguir las tortillas ya elaboradas en el mercado, si no dispone de tiempo para hacerlas usted misma.

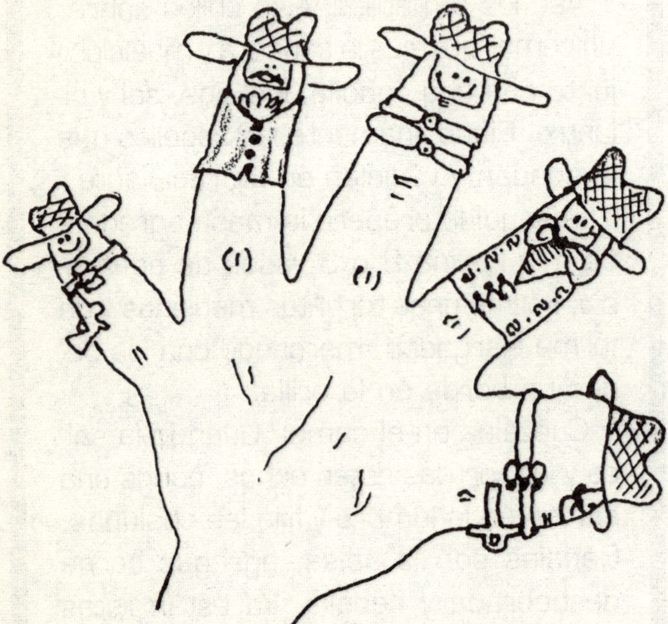

Flautas

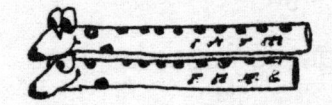

*Un novillo despuntado
de la hacienda de homobono,
¡uy, jay, jay!
a más de cuatro vaqueros
les ha quitado lo mono,
¡uy, jay, jay! qué risa me da.*

El novillo despuntado. D.P.

Ingredientes

- 1/4 de kilo de tortillas de maíz
- 1/4 de carne molida de res
- 3 cebollas
- 2 aguacates
- 2 jitomates
- 1 lechuga
- 100 gr de queso canasta
- 3 chiles serranos
- 6 tomates verdes(tomatillos)
- 2 dientes de ajo
- 1 rama de cilantro
- Crema ácida
- Aceite vegetal
- Sal

Preparación

En una sartén con aceite, sazone la carne con media cebolla, un ajo y un jitomate picados. Añada sal al gusto. Ponga este relleno en las tortillas y enróllelas para formar las flautas. Dórelas en una sartén con aceite. Luego pase las flautas a un platón con una cama de papel para que escurra el exceso de aceite.

Para preparar la salsa, ponga a hervir los tomates y chiles. Muélalos en la licuadora con media cebolla, un diente de ajo y sal al gusto. Pique un poco de cilantro y sirva las flautas con crema, queso desmenuzado, lechuga picada, rodajas de cebolla, rebanadas de aguacate y jitomate. Vierta la salsa en una salsera para servir al gusto.

Pambazos

La virgen lavaba,
San José tendía
y el niño lloraba,
de hambre que tenía.

Canción de cuna. D.P.

Ingredientes

- 1/4 de pata de res
- 6 semitas
- 1 ramita de pápalo
- 2 aguacates
- 1/4 de queso doble crema
- 1 lata de chiles chipotles

Preparación

Parta las semitas a la mitad. Cueza la pata de res en agua con un poco de sal y luego píquela. Coloque una porción en la mitad de la semita, una rebanada de queso, aguacate y chile. Ponga hojitas de pápalo al gusto y caliente las semitas en una parrilla. Son deliciosas.

Caldosito, para saborear sentado...

Los devotos del Santo Niño de Atocha pedían prestada la imagen a la iglesia para venerarla en su casa por un día y una noche. Le arreglaban un altar y colocaban sillas a su alrededor para que los vecinos se quedaran a velar al santo. Les obsequiaban café, galletas y hasta un taquito.

En cierta ocasión, una humilde familia decidió preparar una cena especial para asegurar la presencia de los más fervientes seguidores del santo. Preparó un delicioso menudo, los invitados estuvieron muy contentos, se santiguaron y embebieron en la oración, pero al terminar de cenar, se retiraron, dejando atónita a la pobre familia que se quedó sola, pero entendieron que "uno pone y dios dispone".

Menudo

Al mariachi de mi tierra,
de mi tierra tapatía,
voy a darle mi cantar.
Arrullada por sus sones,
se meció la cuna mía,
se hizo mi alma musical.

El mariachi. Pepe Guízar.

Ingredientes

- 1/2 kilo de carne surtida (librillo, callo, cuajo y pata)
- 5 chiles pasilla
- 3 cebollas
- 4 dientes de ajo
- 2 jitomates
- 1 taza de harina de trigo
- 1 rama de epazote
- 3 limones
- Orégano
- Aceite vegetal
- Sal

Preparación

Lave muy bien la carne y póngala a cocer en agua con dos dientes de ajo. Mientras tanto, prepare la salsa pasilla: hierva los chiles en agua durante 10 minutos. Tueste los jitomates y quíteles la cáscara. Muela en la licuadora los chiles desvenados, los jitomates, los ajos y la cebolla. Fría la salsa en una sartén con aceite bien caliente.

Cuando el menudo esté blandito sáquelo y pártalo en trozos pequeños.

En una cazuela de barro, tueste la harina de trigo y cuando haya dorado, añada la salsa. Espere 6 minutos y agregue la carne, el epazote y un poco del caldo en el que la coció. Sirva en pequeñas cazuelas de barro con cebolla picada y orégano. No olvide poner tortillas calientes y limones partidos a la mitad al alcance de todos.

Pipián

*Con mi treinta treinta me voy a pelear
y a ofrecer la vida en la revolución,
si mi sangre piden, mi sangre la doy,
por los habitantes de nuestra nación.*

Carabina 30-30. D.P.

Ingredientes

- 1 pechuga de pollo
- 1 taza de semillas de calabaza
- 1 taza de maíz colorado
- 5 chiles guajillos
- 1 cucharada grande de manteca de cerdo
- Sal

Preparación

Tueste en un comal las semillas de calabaza y el maíz colorado. Muela ambos en un molcajete. Para preparar la salsa muela los chiles (desvenados) con una pizca de sal. También cueza la pechuga en agua. Derrita la manteca de cerdo en la lumbre y cuando esté bien caliente, fría la salsa por unos minutos, luego, añada el pinole (maíz y calabaza molidos) para que espese. Cuando comience a hervir, incorpore el pollo desmenuzado. Póngale sal al gusto y sírvalo.

Chicharrón en salsa verde

*Si tu marido es celoso
dale a comer chicharrón,
pa' ver si con la manteca
se le quita lo...*

El charro Ponciano. D.P.

Ingredientes

- 1 cebolla
- 1/4 de chicharrón delgado
- 1 taza de frijoles cocidos
- 1/2 kilo de tortillas de maíz
- 100 gr de queso asadero
- 15 tomates verdes (tomatillos)
- 6 chiles serranos
- 2 dientes de ajo
- Sal
- Aceite vegetal
- Queso

Preparación

Lave los tomatillos, cuézalos en agua junto con los chiles. Licue ambos con un poco de agua, cebolla y ajo. Fría la salsa en una cazuela con aceite, añada agua y sal al gusto. Cuando comience a hervir, incorpore el chicharrón en trozos pequeños, para que se ablanden.

Puede acompañar este guiso con tortillas o enfrijoladas. Estas últimas se preparan machacando los frijoles cocidos, los cuales se fríen en una sartén con cebolla acitronada donde se sumerjen las tortillas apenas calentadas para que no se quiebren. Hágalo rápidamente para que no se desbaraten las tortillas. Sírvalas en un plato, dobladas a la mitad y cubiertas con queso y cebolla.

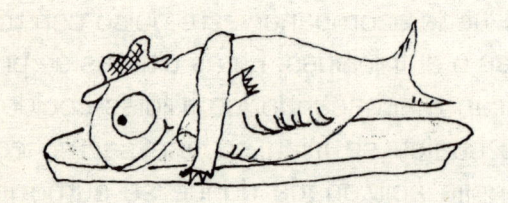

Charales ahogados

*Del mar los vieron llegar
mis hermanos emplumados,
eran los hombres barbados
de la profesía esperada.*

La maldición de Malinche. Gabino Palomares.

Ingredientes

- 1 taza de charales secos
- 2 jitomates
- 1 trozo de cebolla
- 2 xoconoxtles
- 2 chiles jalapeños
- 2 dientes de ajo
- 2 ramitas de perejil
- 3 ramitas de cilantro
- 2 cucharadas de manteca o aceite vegetal
- Sal

Preparación

Descabece los charales y dórelos en manteca. Luego cuézalos en un recipiente con agua hasta que estén blanditos. Parta en cuadritos los chiles y el xoconoxtle, pique los demás ingredientes y muela en la licuadora el jitomate crudo.

Fría todo en una sartén con aceite o manteca y agregue los charales con el caldo de su cocción. Ponga sal al gusto y sirva.

Pozole zacatecano

Granito que has de comer,
granito que has de sembrar,
si cosechas quieres ver,
antes tienes que sudar;
si cosechas quieres ver,
antes tienes que sudar.

La Milpa. D.P.

Ingredientes

- 5 chiles guajillo
- 1/4 de crema ácida
- 1/2 kilo de maíz pozolero
- 1/4 de maciza de puerco
- 1/4 de cabeza de puerco
- 2 cebollas medianas
- 2 dientes de ajo
- 4 rábanos
- 4 limones
- 1 col (repollo)
- Orégano
- Sal
- 2 paquetes de tostadas

Preparación

Cueza los chiles en un recipiente con agua, luego desvénelos, quíteles las semillas y muélalos en la licuadora con el ajo y suficiente agua. Ponga a cocer las carne y el maíz, cada uno por separado. Cuando pueda desprender las cabezas del maíz, retírelos del fuego, quíteles la cabeza, lávelos y póngalos a cocer en una olla grande, agregando la carne semicocida y partida en trozos pequeños. Posteriormente, agregue también los chiles molidos y deje hervir. Ponga sal al gusto

Pique la cebolla y la col bien menuditas, corte en rodajas los rabanos y parta los limones en mitades. Ponga estos ingredientes en un plato al centro de la mesa junto con el orégano, para que cada quien se sirva lo que apetezca.

Sirva el pozole bien caliente y acompañe con tostadas con crema.

Mole

*Hija de la guayaba,
qué soba me iba a dar,
que se quede con toda su parentela,
ya no me quiero casar*

La Endina. Juan Mendoza.

Ingredientes

- 1 1/2 cucharada de manteca de cerdo
- 1/2 cebolla
- 2 jitomates
- 1 diente de ajo
- 1 bolillo
- 1 tortilla
- 1 pizca de canela molida
- 1 clavo entero
- 1 pimienta entera
- 3 semillas de calabaza
- 1 puñito de semillas de chile
- 100 gr de ajonjolí
- 2 almendras y 2 cacahuates
- 1/4 de tablilla de chocolate amargo
- 2 chiles pasilla, 3 chiles anchos y 1 chile mulato

Preparación

Parta el pan y la tortilla en trozos pequeños y fríalos en un poco de manteca. Fría también los chiles abiertos en canal (sin venas ni semillas). Mientras tanto, en un comal tueste ligeramente los jitomates y el ajonjolí. Muela en la licuadora los chiles, jitomates, semillas, pimienta, ajo, canela, clavo, cacahuates, cebolla, almendras, pan y tortillas con un poco de agua.

Fría la mezcla en un poco de manteca, agregue 3 tazas de agua tibia, el chocolate mueva hasta que se disuelva y ¡listo!

Esta edición se imprimió en Mayo 2011 en Ares Impresiones
Sabino No. 12 Col. El Manto. Iztapalapa